Inhalt

Emergency im amerikanischen Gesundheitssystem - Die Reform ist überfällig!

Kernthesen

Beitrag

Fallbeispiele

Zahlen und Fakten

Weiterführende Literatur

Impressum

Emergency im amerikanischen Gesundheitssystem - Die Reform ist überfällig!

Autor GENIOS BranchenWissen: A.Schneider

Kernthesen

- Knapp 60 Prozent der Amerikaner sind über ihren Arbeitgeber versichert. Mit der Wirtschaftskrise steigt die Zahl der Arbeitslosen und mit ihr die Zahl der Menschen ohne Krankenversicherungsschutz.
- Die privaten Krankenversicherungen verlangen sehr hohe Prämien, Zuzahlungen oder Selbstbehalte. Geringverdiener und

kleine Unternehmen können sich, ihre Familien und Beschäftigten kaum versichern.
- Staatliche Hilfsprogramme, wie Medicare für Menschen ab 65, Medicaid für wirtschaftlich Schwache oder SCHIP für Kinder, sind vom Gesetzgeber als Ausnahme bzw. letzter Rettungsanker gedacht, decken aber tatsächlich 45 Prozent der gesamten Gesundheitsaufwendungen der Amerikaner.

Beitrag

Das amerikanische Gesundheitssystem gilt als marode. 47 Millionen US-Bürger sind nicht krankenversichert. Obama möchte allen Amerikanern mit staatlichen Hilfen eine Krankenversicherung ermöglichen, das gesamte Gesundheitssystem reformieren und effizienter machen eine große innenpolitische Herausforderung.

Das amerikanische Gesundheitssystem ein Notfall

Emergency Room Die Notaufnahme, Szenarien eines Chicagoer Lehrkrankenhauses auf Pro7 sorgt seit

Jahren für hohe Einschaltquoten. Nicht nur wegen George Clooney. Die Serie zeigt den Kampf um das Überleben in den überlasteten amerikanischen Notaufnahmen. Keine reine Fernsehmär, sondern durchaus realistisch. Im echten Amerika ist es sogar oft noch schlimmer: immer mehr Krankenhäuser schließen ihre Notaufnahmen, weil sie den finanziellen Anforderungen nicht mehr Herr werden.

Das soll nun endlich anders werden. Barack Obama tritt sein Amt an, und mit ihm soll sein Gesundheitsminister Tom Daschle loslegen. Die Reform des maroden amerikanischen Gesundheitssystems haben sie sich auf die Fahnen geschrieben. In den kommenden Jahren, in denen das Land unter der Finanz- und Wirtschaftskrise leidet und demzufolge die Gelder knapp sind, ist das ein ambitioniertes Vorhaben. Der Handlungsbedarf ist riesig. Mit der Wirtschaftskrise steigt die Zahl der Arbeitslosen und mit ihr die Zahl der Menschen und Familien ohne Krankenversicherungsschutz. Vor allem die Mittelschicht und ihre Familien sind in der Regel über den Arbeitgeber versichert. Allein im vergangenen November verloren eine halbe Million Amerikaner ihren Job, so viele wie seit 35 Jahren nicht mehr. (1)

Teuer könnte es werden: 50 bis 65 Milliarden könnte es kosten, die Beratungsfirma

PricewaterhouseCoopers schätzt sogar 75 Milliarden Dollar. Zur Gegenfinanzierung will Obama die unter George W. Bush beschlossenen Steuersenkungen für Besserverdienende zurücknehmen und die Grundsteuer auf dem Niveau des kommenden Jahres festschreiben.

Prinzipiell gilt, dass jeder amerikanische Bürger für seinen Schutz im Krankheitsfall selbst verantwortlich ist. Es gibt keine Krankenversicherungspflicht und keine allgemeine Krankenversicherung. Die U.S.-Amerikaner geben ca. 16 Prozent des Bruttosozialprodukts für das Gesundheitssystem aus; das ist weit mehr als bei jeder anderen Nation der Erde. In Deutschland liegt der Anteil bei zehn bis elf Prozent. Die durchschnittliche Lebenserwartung der Amerikaner ist dennoch niedriger und die Zahl chronischer Erkrankungen höher als in anderen Industrieländern. Heute betragen die Gesundheitsausgaben rund 2 300 Milliarden Dollar. Bis 2015 werden sie auf 4 000 Milliarden Dollar ansteigen. (2)

16 Prozent der Amerikaner, das sind rund 47 Millionen Menschen, sind nicht krankenversichert. Die einen sind so reich, dass sie sich die Versicherungskosten sparen und im Krankheitsfall die Kosten aus der eigenen Tasche bezahlen. Die anderen fallen durch die Lücke zwischen privat und

staatlich: Sie sind zu arm, um sich eine private Krankenversicherung leisten zu können und zu reich, um über das staatliche Hilfsprogramm Medicaid abgesichert zu sein. Und die Dritten werden aufgrund von Vorerkrankungen von den privaten Versicherungen abgelehnt. In diesen Zahlen sind die zahlreichen illegalen Einwanderer nicht enthalten.

Versicherung durch den Arbeitgeber Arbeitslosigkeit wird zum Problem

Eine Krankenversicherung vom Arbeitsgeber erhalten 59,3 Prozent der Amerikaner. Vor allem von größeren Unternehmen wird sie in der Regel angeboten. Allerdings handelt es sich um eine freiwillige Sozialleistung, auf die meist kein Anspruch besteht. Ähnlich wie in Deutschland teilen sich Arbeitgeber und Arbeitnehmer die Kosten. Doch anders als in Deutschland ist der Arbeitgeber für die Versicherung der Vertragspartner; das bedeutet, wenn ein Arbeitnehmer den Arbeitgeber wechselt, endet das Versicherungsverhältnis.
Die Zahl der Arbeitgeber, die ihren Mitarbeitern Krankenversicherungsschutz bieten, sinkt seit einigen Jahren. Im Jahr 2000 haben 68 Prozent der kleinen Unternehmen mit drei bis 199 Beschäftigten

Krankenversicherungsprogramme angeboten, 2007 waren es nur noch 59 Prozent. Inhaber und Angestellte kleiner Unternehmen sind überproportional häufig ohne Versicherungsschutz. Bei den großen Firmen mit mehr als 199 Beschäftigten dagegen boten 99 Prozent Krankenversicherungsschutz an, diese Zahl blieb in 2007 gleich.
Bei krankheitsbedingter Berufsunfähigkeit gibt es kein Krankengeld.

Private Versicherungen teure Prämien als Eintrittsbarriere

Die privaten Krankenversicherungen in den USA verlangen sehr hohe Prämien. Außerdem beinhalten die Policen oft sehr hohe Zuzahlungen oder Selbstbehalte. Geringverdiener können sich und ihre Familien kaum versichern. Ähnlich schwierig bis unmöglich ist es für kleine Unternehmen. Arbeitslosigkeit wird zum Problem, denn wenn ein Versicherungsnehmer die Prämie nicht mehr bezahlen kann, haben die privaten Krankenversicherungen das Recht, den Versicherungsvertrag zu kündigen.

Seit 1973 sind sogenannte HMOs (Health Maintenance Organizations) entstanden, bei denen

Krankenversicherer mit bestimmten Ärzten und Kliniken in einem Netzwerk zusammenarbeiten. Der Vorteil dieses Geschäftsmodells liegt darin, dass die Kosten aufgrund von Synergieeffekten geringer sind. Doch für die Patienten kann sich das sehr nachteilig auswirken: Behandlungskosten werden nur übernommen, wenn die Behandlung bei einem der Vertragspartner im Netz vorgenommen wird. Michael Moore beschreibt in seinem Film Sicko eine Frau, die mit ihrem fiebernden Baby von einem Krankenhaus abgewiesen wurde, weil ihre Krankenversicherung nur die Behandlung bei Vertragskrankenhäusern zahlt; auf dem Weg zum nächsten Vertragskrankenhaus aber starb das Baby. (3)

Staatliche Hilfsprogramme unverzichtbarer Rettungsanker

Ergänzend zu den privaten Krankenversicherungen gibt es staatliche Hilfsprogramme für Menschen ab 65 (Medicare) und für wirtschaftlich Schwache (Medicaid). **Medicare** ist eine sozialstaatliche öffentliche Krankenversicherung, die sich an ältere und behinderte Amerikaner richtet; rund 41,4 Millionen Bürger sind hier versichert. Doch auch hier sind Zuzahlungen zu leisten, für Rentner oft eine hohe finanzielle Belastung. **Medicaid** steht einkommensschwachen Amerikanern offen, ist allerdings bei vielen Ärzten wegen des hohen bürokratischen Aufwands und der geringen Vergütung ungern gesehen. Rund 39,6 Millionen Bürger beanspruchen Medicaid.Kinder werden über das staatliche Hilfsprogramm **State Childrens Health Insurance Program (SCHIP)** zusätzlich abgesichert. Anspruchsberechtigt sind Kinder, deren Eltern ein Einkommen haben, das für Medicaid zu hoch, für eine private Krankenversicherung aber zu niedrig ist. Auch Schwangere können hierüber Leistungen erhalten. 6,6 Millionen Kinder und 0,6 Millionen Frauen greifen auf Leistungen von SCHIP zu.

TRICARE und The Veterans Administration

versichert Soldaten und pensionierte Soldaten, unterstützt Veteranen und deren Familien sowie Kriegswitwen.

Indian Health Service (HIS)

erbringt Gesundheitsleistungen für Indianerstämme. 1,8 Millionen sind versichert, 3,3 Millionen Mitglieder haben die staatlich anerkannten Indianerstämme.Der

Emergency Medical Treatment and Labor Act (EMTALA), der 1986 erlassen wurde, schreibt vor, dass ein Krankenhaus jeden Patienten behandeln muss, der als Notfall eingeliefert wird, auch wenn er keinen Versicherungsschutz hat und die Behandlung nicht bezahlen kann. Auch illegale Einwanderer müssen nach EMTALA behandelt werden. Auf den Kosten bleiben die Krankenhäuser sitzen, sie werden als versteckte Kosten an die anderen Patienten weitergegeben. Dies wird als ein Grund für die in den USA drastisch ansteigenden Krankenversicherungskosten gesehen. Obwohl diese staatlichen Hilfsprogramme vom Gesetzgeber als Ausnahme bzw. letzter Rettungsanker gedacht sind, decken sie tatsächlich 45 Prozent der gesamten Gesundheitsaufwendungen der Amerikaner.

Darüber hinaus gibt es Hilfsprogramme, die einzelne Bundesstaaten oder Kommunen ins Leben gerufen haben, um ihre Bürger besser abzusichern. Doch die Versicherungsprämien sind oftmals zu hoch, als dass eine breite Bevölkerungsschicht sie sich leisten könnte. In den Bundesstaaten New York, New Jersey, Maine, Massachusetts und Vermont dürfen Krankenversicherungen keinen Versicherten wegen Vorerkrankungen ablehnen; prompt sind die Versicherungsprämien in diesen Staaten noch höher als in anderen.

Das Wahlprogramm Barack Obamas Krankenversicherung für jedermann, dank Staat

In seinem Wahlprogramm hat Barack Obama etliche Maßnahmen in Aussicht gestellt: Barack Obama will keine allgemeine Pflichtversicherung für alle Bürger einführen. Nur Kinder sollen zukünftig ausnahmslos versichert werden. Dazu soll das State Childrens Health Insurance Program (SCHIP) ausgebaut werden. Kleine Unternehmen sollen durch neue Steuergutschriften davon profitieren, wenn sie ihren Arbeitern und Angestellten Krankenversicherungsschutz gewähren. Größere Unternehmen, die keinen oder nur einen geringen Krankenversicherungsschutz anbieten, sollen durch eine Art Lohnsummensteuer, die sie zwangsweise abführen müssen, zur Finanzierung des Gesundheitssystems beitragen. Obama will außerdem eine staatliche Krankenversicherung einführen, die sich vor allem an diejenigen richtet, die sich eine private Krankenversicherung nicht leisten können, noch keine 65 Jahre alt sind, nicht über den Arbeitgeber versichert sind und nicht auf die staatlichen Hilfsprogramme Medicaid oder SCHIP zugreifen können. Auch will er dem Gebaren der

Versicherungen, unter Verweis auf Vorerkrankungen entweder Versicherungszahlungen zu verweigern oder Beiträge zu erhöhen, einen Riegel vorschieben.

Die IT-Infrastruktur soll modernisiert werden. Die elektronische Patientenakte soll in Krankenhäusern und Arztpraxen eingeführt werden, branchenweite Standards soll es künftig geben. 50 Milliarden Dollar sollen in die Health IT fließen, 500 000 amerikanische Ärzte miteinander vernetzt werden. Die Vision: Systeme, auf die alle Gesundheitsdienstleister wie Kliniken und Ärzte zugreifen können. In den Strategiepräsentationen der großen IT-Hersteller finden sich derlei Entwürfe schon seit Jahren. Doch die Umsetzung derartiger total vernetzter Systeme verschlingt Milliarden. Und laut einer Untersuchung des US-Kongresses vom Mai hatten 2006 erst zwölf Prozent der Ärzte und elf Prozent der Kliniken die Technik, um Diagnoseergebnisse, Labordaten oder Rezepte online zu verarbeiten. Vereinzelte Modelle, etliche noch in der Pilotphase, gibt es schon. Einige Patientenakten sind an Versicherer oder bestimmte Klinikketten gebunden, andere funktionieren über Portale im Internet und richten sich direkt an die Patienten. (4)

Fazit

Barack Obama wird sich auch daran messen lassen müssen, inwieweit es ihm gelungen ist, diese immense innenpolitische Aufgabe zu bewältigen, das marode amerikanische Gesundheitssystem zu reformieren und seine Wahlversprechen einzulösen. Seine designierte Außenministerin Hillary Clinton kann ihm zumindest sagen, wie es nicht funktioniert. Sie scheiterte Anfang der neunziger Jahre, als sie das amerikanische Gesundheitssystem reformieren wollte.

Fallbeispiele

Bisher forcieren vor allem die großen privaten Krankenversicherer in den USA den Einsatz elektronischer Patientenakten. Branchenriesen wie Aetna oder Wellpoint binden inzwischen die Vergütung von Ärzten an den Gebrauch elektronischer Rezepte, um diese im Markt zu etablieren.Das größte Projekt betreibt **Kaiser Permanente**, eine Krankenversicherung mit eigenen Kliniken, Ärztezentren und Apotheken. Alle 14 000 Ärzte, 37 Kliniken und 416 Praxiszentren im Kaiser-Permanente-Netzwerk sind angebunden, die Ärzte sind verpflichtet, die Datenbanken zu pflegen und die elektronischen Dienste zu nutzen. Von den 8,7 Millionen Mitgliedern nutzen bereits heute 2,6 Millionen eine elektronische Akte, 80 000 neue User kommen jeden Monat dazu. Mehr als drei Milliarden Dollar hat die Non-Profit-Organisation bislang in das weit entwickelte System investiert.

Unitedhealth

, mit einem Jahresumsatz von 75 Milliarden Dollar Marktführer, bietet seit Anfang Dezember ein offenes Portal, wo nicht nur die eigenen Kunden elektronische Patientenakten anlegen können, sondern jeder US-Bürger.

Zahlen & Fakten

-15,3 Prozent der amerikanischen Bürger sind gar nicht versichert.

-84,7 Prozent der Einwohner haben wenigstens eine der verschiedenen Arten von Krankenversicherungen.

Dabei sind 59,3 Prozent durch den Arbeitgeber versichert, 8,9 Prozent haben sich selbst versichert, 27,8 Prozent sind durch ein staatliches Hilfsprogramm abgesichert (Mehrfachversicherungen möglich).

-10,4 Prozent der weißen Bevölkerung haben keine Krankenversicherung, 19,5 Prozent der Schwarzen, 16,8 Prozent der Asiaten und 31,1 Prozent der Hispanier.

-Unter den Nichtversicherten sind 8,1 Millionen Kinder und 8 Millionen junge Erwachsene in einem Alter zwischen 18 und 24 Jahren. In dem Bevölkerungssegment der jungen Erwachsenen sind 28,1 Prozent nicht versichert.

-Arztrechnungen sind in den USA in fast 50 Prozent aller Insolvenzfälle der Auslöser für Privatinsolvenzen.

Weiterführende Literatur

(1) Achtung, Notfall!
aus Die ZEIT Nr. 51 vom 11.12.2008 Seite 013

(2) Krankes System Das US-Gesundheitssystem ist das teuerste der Welt - obwohl 16 Prozent der Bürger nicht versichert sind. Der Demokrat Obama will den Krankenschutz günstiger machen, John McCain setzt auf Wettbewerb FTD-Reihe Die USA nach George W. Bush: Gesundheit
aus Financial Times Deutschland vom 20.08.2008,

Seite 14

(3) O.V. Wikipedia, Gesundheitsystem der Vereinigten Staten, www.wikipedia.de
aus Financial Times Deutschland vom 20.08.2008,
Seite 14

(4) Die Obama-Akten Der neue US-Präsident verspricht, Milliarden ins Gesundheitssystem zu pumpen. Davon dürften vor allem IT-Unternehmen profitieren - und den Durchbruch schaffen Lukas Heiny
aus Financial Times Deutschland vom 08.01.2009,
Seite 15MP15

Impressum

Emergency im amerikanischen Gesundheitssystem - Die Reform ist überfällig!

Bibliografische Information der deutschen Nationalbibliothek

Die Deutsche Nationalbibliothek verzeichnet diese Publikation in der deutschen Nationalbibliografie; detaillierte bibliografische Daten sind im Internet über http://dnb.d-nb.de abrufbar.

ISBN: 978-3-7379-2755-0

© 2015 GBI-Genios Deutsche Wirtschaftsdatenbank GmbH, Freischützstraße 96, 81927 München, www.genios.de

Alle Rechte vorbehalten. Dieses Werk ist einschließlich aller seiner Teile – z.B. Texte, Tabellen und Grafiken - urheberrechtlich geschützt. Jede Verwertung außerhalb der Grenzen des Urheberrechtsgesetzes bedarf der vorherigen Zustimmung des Verlags. Dies gilt insbesondere auch für auszugsweise Nachdrucke, fotomechanische

Vervielfältigungen (Fotokopie/Mikroskopie), Übersetzungen, Auswertungen durch Datenbanken oder ähnliche Einrichtungen und die Einspeicherung und Verarbeitung in elektronischen Systemen.